1

Bibliografische Information der Deutschen Nationalbibliothek:
Die Deutsche Nationalbibliothek verzeichnet diese
Publikation in der Deutschen Nationalbibliografie; detaillierte
bibliografische Daten sind im Internet
über dnb.dnb.de abrufbar.

Bildnachweis:
Seite 10, Foto Hörl
Seite 103 u. 107 Alicia Bode
Alle weiteren Bilder, Elena Wende

© 2019 Elena Wende

Herstellung und Verlag: BoD –
Books on Demand, Norderstedt
ISBN 9783748190271

Elena Wende

Stoffwindeln
Wickeln mit modernen Stoffwindeln

Liebe Leserin, lieber Leser

hier findest du eine Zusammenfassung der wichtigsten Infos rund um die Stoffwindeln.

Du erfährst, welche Systeme es gibt, was deren Vor- und Nachteile sind,

wie diese genutzt und gepflegt werden und vieles mehr.

Am Ende findest du noch einmal zusammengefasst eine Übersicht über die wichtigsten Stoffwindel Begriffe und was sie bedeuten.

Viel Spaß beim Lesen!

Elena Wende

Inhalt

Das Wichtigste vorab:

- Stoffwindeln bringen eine Ersparnis von mehreren hundert Euro im Vergleich zu Einwegwindeln
- ... vermeiden ca. 1000 Kilo Müll pro Kind (bei Vollzeit wickeln mit Stoff)
- ... sind atmungsaktiv
- ... sind so einfach wie Einwegwindeln anzulegen
- ... sind ohne Chemie
- ... sind gesünder (weniger Allergien und Reizungen)
- ... unterstützen die gesunde Hüftentwicklung
- ... sind kühler als Einwegwindeln (gut für Jungs)
- Stoffwindelkinder sind oft schneller trocken

Es gibt also viele gute Gründe, die für Stoffwindeln sprechen.

Stoffwindeln sind gut fürs Kind, sehen schön aus, schonen die Umwelt und sparen auch noch Geld.

Natürlich müssen Stoffwindeln gewaschen werden, dies steht aber in keinem Verhältnis zu dem Wasserverbrauch, der zur Herstellung von Einwegwindeln benötigt wird.

Je nach dem, für welches System und welche Marke ihr euch entscheidet, könnt ihr im Vergleich zu Einwegwindeln mehrere Hundert Euro sparen.

Wenn ihr die Windeln für mehrere Kinder nutzt, oder sie nach der Wickelzeit verkauft, spart ihr sogar noch deutlich mehr.

Dennoch sind Stoffwindeln keine Religion.

Es spricht also nichts dagegen, ab und zu auch mit Einwegwindeln zu wickeln. Schaut einfach, wie es für euch am besten passt.

Wenn du neue Stoffwindeln kaufst, müssen diese erst eingewaschen werden.

In den Stoffen befinden sich von der Herstellung noch Fette, so dass sie zu Beginn noch nicht richtig saugen, sondern teilweise sogar Flüssigkeit abperlt.
Das Einwaschen kann bis zu 10 Wäschen dauern.
Nach 2 bis 3 Waschgängen, kannst du die Windel aber bereits für kürzere Zeiten oder Zuhause nutzen.

Die im Folgenden genutzten Bezeichnungen sind gängige Bezeichungen für die Systeme. Je nach Hersteller, können die Begriffe aber variieren.

Stoffwindelsysteme

Kommen wir als Erstes zu den unterschiedlichen
Systemen.

Wie man auf dem Bild sieht, gibt es Stoffwindeln in
den verschiedensten Varianten.

So ist wirklich für jeden das Passende dabei.

Die verschiedenen Arten von Stoffwindeln möchte
ich dir nun im Folgenden näher erklären.

Es gibt…

…Komplettsysteme:

AIO (All in one)

AI2 (All in two)/SIO (Snap in one))

Pocketwindeln

… Mehrteilige Systeme:

Ai3 (All in three)

Überhosen

Höschenwindeln

Mullwindeln

Prefolds

… Sonstige:

Strickbindewindeln

Hybridwindeln

Trainer

Außerdem wird unterteilt in mitwachsende Systeme
(Onesize) und mehrgrößen Windeln,
Windeln mit Klett oder mit Snaps.

Mehrgrößen oder Onesize?

Onesize Windel unverkleinert und komplett verkleinert

Es gibt Stoffwindeln als mitwachsende Onesize Windeln, aber auch in verschiedenen Größen.

Onesize Windeln sind je nach Firma ab 3,5 bis 5 Kilo bis hin zu 16 Kilo mitwachsend angegeben.

Der Vorteil bei Onesize Windeln ist natürlich, dass sie mitwachsen und nicht alle paar Monate neue Windeln benötigt werden.

Meist sind Onesize Windeln mit Hilfe von Snaps zu verkleinern.

Auch wenn manche Onesize Windeln ab 4 Kilo angegeben sind, sitzen sie an manchen Neugeborenen mit 4 Kilo noch nicht so gut.

Für Neugeborene sind Onesize Windeln also manchmal noch zu groß.

Hier eine Onesize Windel auf kleinster Einstellung (li.) neben einer Neugeborenen Windel

Deshalb lohnt es sich oft, in ein paar Überhosen für Neugeborene zu investieren.

Mehrgrößenwindeln sind in verschiedene Größen eingeteilt.

Dies ist z.B. bei den AI3 Systemen der Fall.
Aber auch manche Überhosen und Pocketwindeln gibt es in verschiedenen Größen.

Dies hat den Vorteil, dass die Windel nicht verkleinert werden muss.

Für welche Variante man sich entscheidet ist wie so oft Geschmacksache.

AIO´s

AIO´s sind am ehesten mit Einwegwindeln vergleichbar. Das Saugmaterial und die wasserdichte Außenschicht sind fest miteinander verbunden. Das Saugmaterial kann z.B. aus Baumwolle, Bambusviskose, Mikrofaser oder Hanf bestehen. Die wasserdichte Außenschicht ist aus PUL.
Dadurch sind sie genau so einfach anzulegen wie Einwegwindeln.

Sie werden deshalb auch gerne für unterwegs, die Kita oder bei den Großeltern genutzt.

Nach dem Wechseln, wird die Windel komplett (Stuhl wird vorher mit Hilfe eines Vlies im Müll entsorgt) in die Wäsche gegeben.
Dadurch werden bei diesem System viele Windeln benötigt und es entsteht entsprechend viel Wäsche.

Pocketwindeln

Pocketwindeln bestehen aus einer wasserfesten Außenhülle aus PUL, mit einer fest eingenähten Stoff Lage, meist aus Mikrofaser.

Zwischen Außen- und Innenschicht ist eine Tasche, die durch eine Öffnung am hinteren Rand der Windel mit einer oder mehreren Saugeinlagen befüllt wird.

Dadurch kann die Saugstärke und das Saugmaterial variiert werden.

Nach dem Befüllen ist die Pocketwindel ebenso einfach anzulegen, wie eine AIO.

Auch die Pocketwindel muss bei jedem Wickeln komplett in die Wäsche.

AI2 (All in two)/SIO (Snap in one)/Hybrid

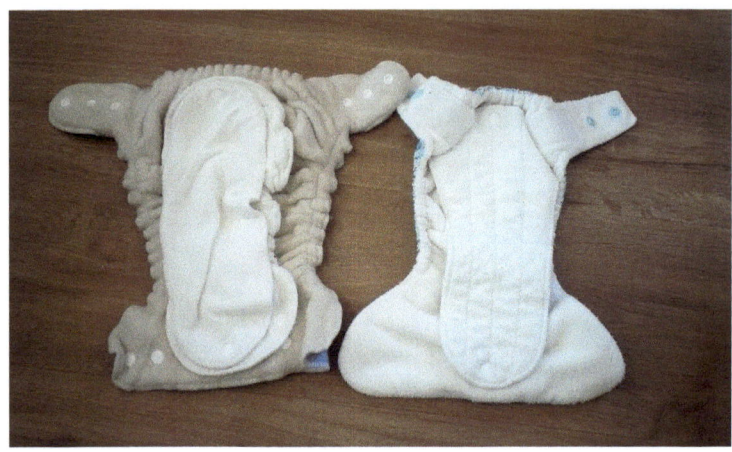

Als All in Two bezeichnet man eine Wasserdichte Überhose aus PUL oder Wolle in Kombination mit einer Saugeinlage oder Höschenwindel.
Beim Windel wechseln muss nur die Saugeinlage gewechselt werden.
Die Überhose kann mehrmals wieder benutzt werden.
So entsteht relativ wenig Wäsche.
Überhose und Einlage sind das günstigste Wickelsystem.

Sie werden auch Hybridwindeln genannt, weil man auch Einwegeinlagen nutzen kann.

Das Gleiche gilt auch für AI3.

Bei der Snap in One, wird die Saugeinlage in die wasserdichte Überhose mit Hilfe von Druckknöpfen befestigt.
Bei vielen SIO Windeln, kann beim Wechseln nur die Einlage getauscht und die wasserdichte Außenhülle wieder benutzt werden. Manche Windeln (mit Stoff auf der Innenseite der Überhose) müssen komplett gewaschen werden.

Es gibt AI2 und SIOs aus PUL oder aus Wolle.

Ai3 (All in three)

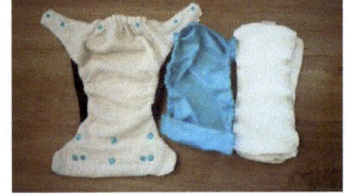

Die All in three Windel besteht aus 3 Teilen.:

Und zwar aus der Außenwindel, die aus Stoff besteht, der wasserfesten Innenwanne aus PUL, Tencel oder Wolle

und den Saugeinlagen aus Baumwolle, Bambusviskose oder Hanf.

Dieses System macht relativ wenig Wäsche. Meistens wird beim Wickeln nur die Saugeinlage gewechselt.

Die Innenwanne und die Außenwindel können nach dem Auslüften wieder genutzt werden.

Wenn die Innenwanne verschmutzt ist oder müffelt, wird auch sie gewaschen.

Die Außenwindel braucht nur selten gewaschen werden, weil sie in der Regel nicht beschmutzt wird.

Überhosen (ÜH)

Überhosen sind wasserdichte Außenhüllen aus PUL oder Wolle (auf Wolle gehe ich im Folgenden noch genauer ein)

Sie müssen mit Saugmaterial befüllt werden.

Du kannst entweder Einlagen wie Prefolds oder Mullwindeln als Saugmaterial nutzen, oder die Überhose über eine Höschenwindel ziehen.

Beim Windel wechseln muss in der Regel nur das Saugmaterial gewechselt werden.

Dadurch kann die Überhose mehrmals verwendet werden. So entsteht weniger Wäsche.

Es gibt Überhosen aus PUL (Polyurethanlaminat) und Wolle, mit Klett oder Druckverschluss, mit Laschen oder ohne.

Überhosen gibt es auch als Schlupfüberhosen.

Bei Schlupfüberhosen muss als Saugmaterial eine Höschenwindel genutzt, oder eine Mullwindel/Prefold ums Kind gewickelt werden.

Einlagen würden in der Schlupfüberhose verrutschen und die Windel dann nicht mehr richtig sitzen.

Überhosen aus Wolle

Mittlerweile gibt es viele verschiedene Varianten an Wollüberhosen.

Es gibt sie genau wie auch Überhosen aus PUL mit Druckknöpfen, Klettverschluss, als Schlupfvariante , mit Lasche oder ohne.
Wobei die Lasche bei Wollüberhosen nicht unbedingt benötigt wird, da durch die Struktur der Wolle die Einlage nicht verrutscht.

Auch Wollüberhosen gibt es als Onesize oder in mehreren Größen.

Hier unterscheiden sich die Verstellmöglichkeiten etwas.

Während bei PUL Überhosen die Leibhöhe immer mit Hilfe von Druckknöpfen verstellt werden, gibt es bei Wollüberhosen auch Varianten, bei denen die Beingummis verstellt werden können oder die Überhose durch Umschlagen nach vorne verkleinert werden kann.

Wollüberhosen gibt es komplett aus Wolle oder mit einem dekorativen Außenstoff.

Wichtig!
Alle Wollüberhosen müssen vor der Benutzung gewaschen und in einem Fettbad gefettet werden.

Durch das Fetten der Überhose wird sie dicht.

Die Überhose kann dann ebenfalls nach dem Wechseln der Einlage gelüftet und wieder benutzt werden.

Wolle hat den Vorteil, dass sie temperaturausgleichend und selbstreinigend ist.

Höschenwindeln (HöWi)

Höschenwindeln sind komplett saugende Windeln.

Es gibt sie aus Baumwolle, Baumwoll gemisch, Bambusviskose oder Hanf.

Sie werden um das Kind gewickelt und verschlossen.

Damit alles trocken bleibt, benötigt die Höschenwindel eine Überhose.

Höschenwindeln sind wegen ihrer Saugstärke sehr gut für Nachts geeignet.

Durch den doppelten Auslaufschutz (HöWi plus ÜH) sind sie auch gut für kleine Babys mit flüssigem Muttermilchstuhl geeignet.

Beim Windel wechseln wird nur die Höschenwindel gewechselt, die Überhose kann nach dem Lüften wieder genutzt werden.

Mullwindeln

Mullwindeln sind wahre Multitalente.

Sie können um das Kind herumgewickelt werden oder als Einlage in eine Überhose eingelegt werden.

Natürlich finden sie auch Verwendung als Spucktuch.

Je nach Größe und Urinmenge des Kindes, kann die Mullwindel unterschiedlich gefaltet oder auch mit zusätzlichen Einlagen verstärkt werden.
Über die Mullwindel kommt immer eine Überhose.
Die Mullwindel ist robust, kann auch gekocht werden und trocknet sehr schnell.

Mullwindeln bestehen meistens aus Baumwolle. Es gibt aber auch Mullwindeln aus Bambusviskose.

Prefolds

Prefolds sind mehrlagige, oft dreigeteilte Einlagen. In der Mitte befinden sich meist mehr Sauglagen als an den Seiten.

Die Einlage kann gedrittelt gefaltet und in eine Überhose gelegt werden.

Je nach Größe, kann sie auch ums Kind gewickelt werden.

Prefolds gibt es aus Baumwolle, Hanf und Bambusviskose.

Prefolds mit Überhosen sind mit das günstigste Wickelsystem.

Sie machen außerdem relativ wenig Wäsche, da nach dem Wickeln nur die Prefold gewaschen wird und die Überhose meist nach dem Lüften wiederverwendet werden kann.-

Strickbindewindeln

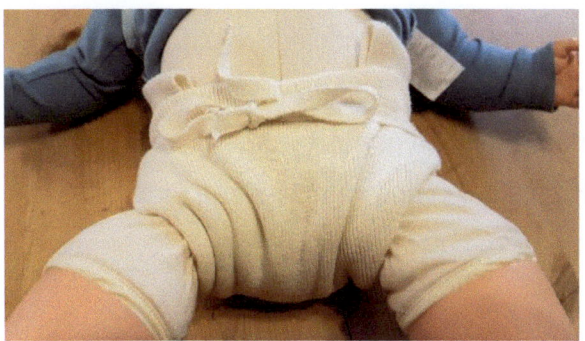

Strickbindewindeln sind komplett aus Baumwolle. Sie werden gefaltet und um das Kind gewickelt.
Bei Bedarf wird noch eine zusätzliche Einlage hineingelegt.

Die Bindewindel wird mit einem Band um das Kind gebunden und befestigt.
Sie benötigt eine Überhose.

Sonstige Einlagen und Booster

Um die Saugkraft von Mullwindeln, Prefold, Höschenwindeln oder Strickbindewindeln zu verstärken, können weitere Einlagen genutzt werden.
Auch eine Kombination aus verschiedene Einlagen kann als Saugmaterial genutzt werden.

Es gibt Einlagen und Booster (Saugkraftverstärker) aus verschiedenen Materialien.

Bei der Kombination von verschiedenen Einlagen oder als Booster, sollte man die unterschiedlichen Eigenschaften der Materialien beachten und sie entsprechend nutzen.

Einlagen aus Bambus oder Mikrofaser saugen sehr schnell- Sie sollten deshalb am besten oben liegen.

Mikrofaser sollte idealerweise mit anderen Materialien kombiniert werden. Sie saugt zwar schnell, gibt aber auf Druck Nässe ab, was z.B. im Tragetuch zu unschönen Überraschungen führen kann.

Hanf saugt sehr viel, aber langsam. Deshalb liegt es idealerweise unten in der Windel. So kann es nach und nach die Feuchtigkeit der anderen Einlagen aufnehmen und speichern.

Frotteeeinlagen aus Baumwolle oder Bambusviskose sind gut als oberste Lage für Kinder geeignet, die viel auf einmal pullern oder noch voll gestillt werden. Durch das raue Material saugen sie schnell und halten Stillstuhl gut fest.

Die verschiedenen Einlagen können je nach Bedarf kombiniert werden und so das Saugmaterial ergänzen oder ersetzen.

Sie können auch Pocketwindeln oder AIOs zu mehr Saugkraft verhelfen.

Trainer

Trainer sind eine Art Schlüpfer die beim trocken werden des Kindes helfen.

Sie bestehen aus einer wasserdichten Außenschicht und einem Saugkern.

Sie saugen weniger als eine herkömmliche Stoffwindel, fangen aber kleine Unfälle auf.

Es gibt Trainer mit PUL oder aus Wolle.

Sinnvolles Zubehör

Sinnvolles Zubehör sind:

- Wetbags (Nasstaschen) um die schmutzigen Windeln unterwegs zu verstauen oder zu Hause bis zur Wäsche zu sammeln.
- Oskartonne (Runde Tonne mit Deckel) mit Wäschenetz für die Aufbewahrung der schmutzigen Windeln zuhause.
- Stoffwaschlappen zur Reinigung des Babypos unterwegs und zu Hause
- Wollfett (Adeps lanae anhydricus) zum fetten von Wollwindeln
- Klettbürste zur Reinigung der Kletts
- Fleece Einlage (hält den Po trocken)
- Papier Vlies zum Auffangen des Stuhls
- Snappie zum Verschließen von ums Kind gewickelten Mulltüchern/Prefolds
- Wegwerfeinlagen für unterwegs, wenn du unterwegs weniger Wäsche möchtest.

Von oben links nach rechts unten:

Einwegeinlage, Fleece aus Mikrofaser, Papiervlies, Body

Verlängerung,

Wollfett, Snappie Windelklammer

Wickelunterlage, Wetbag (Nasstasche),

Stoffwaschlappen.

Vor- und Nachteile der Systeme

AIO

Vorteile: einfach und schnell anzulegen, wenig Vorbereitung, meist mitwachsend
Nachteile: viel Wäsche, lange Trockenzeit, "unflexibel", teuer

AI2/SIO

Vorteile: günstig, flexible Saugkraft, trocknet schnell, wenig Wäsche
Nachteile: muss vorbereitet werden, SIO oft nicht gut mit anderen Einlagen kombinierbar, kann verrutschen

AI3

Vorteile: Außenwindel und Innenwanne können mehrmals genutzt werden, wenig Wäsche, individuell bestückbar, trocknet schnell, gute Passform durch mehrere Größen
Nachteile: muss vorbereitet werden, Anlegen bedarf Übung, mehrere Größen nötig

Pockets

Vorteile: trocknet schnell, individuell bestückbar, einfach anzulegen

Nachteile: Kunstfaser am Po (bei den meisten), teilweise auslaufen durch Nähte, muss vorbereitet werden, viel Wäsche

Höschenwindel

Vorteile: sehr saugstark, gut als Nachtwindel, auch für Kinder die viel pullern gut geeignet, gut bei flüssigem Stuhl

Nachteile: lange Trocknungszeit, meist dickes Paket am Babypo

Prefold/Mullwindel

Vorteile: Saugkraft anpassbar, wenig Wäsche, günstig, flexibel

Nachteile: Vorbereitung, kann verrutschen.

Materialien

Baumwolle:

pflegeleicht, saugstark, saugt schnell (vor allem raue wie Frottee)

Verwendet als: Frottee, Mull, Prefold, Einlagen (auch Birdseye), Molton

Baumwolle ist bis zu 95°C waschbar

Hanf:

Meist in Kombination mit Baumwolle, saugt langsam aber viel

Verwendet als: Einlagen, Nachtwindeln, HöWi

Hanf ist bis zu 95°C waschbar, Trockner ist sinnvoll, da Hanf sehr steif wird.

Bambusviskose:

Saugstark und schnell saugend

Verwendet als: Prefolds, Höwi, Saugeinlagen, "Mull".

Bambus ist bis 60 Grad waschbar.

Wolle:

Temperaturausgleichend, atmungsaktiv, pflegebedürftig, speichert Nässe, selbstreinigend

Verwendet als: Überhosen, Schlupfüberhosen, Longies, Einlage

Wolle sollte per Hand gewaschen werden und muss anschließend gefettet werden.

Mikrofaser:

saugt sehr schnell, speichert aber schlecht Nässe, hält oberflächlich trocken, leitet weiter

Verwendet als: Saugeinlage

Waschbar bis 60 Grad

PUL (Polyurethanlaminat):

Wasserundurchlässig und atmungsaktiv

Verwendet als: Überhosen und Wetbags, Waschbar bis 60 Grad

Tencel/Lyocell:

Tencel/Lyocell wird aus nachhaltig angebautem Eukalyptusholz künstlich hergestellt. Es ist atmungsaktiv, frei von chemischen Zusatzstoffen und resistent gegen Bakterien. Tencel wird teilweise als Ersatz für PUL genutzt.

Aufbau der Windel

Von unten nach oben (außen zum Kind hin)

1. Wasserdichte Außenschicht - schützt die Kleidung, hält trocken

2. Saugeinlagen/HöWi - saugt Flüssigkeit

3. Fleece/Vlies - Hält den Po trocken/ Entsorgung von Stuhl

Aufbau der Saugeinlagen (von Außenwindel zum Kind hin):

Bei Jungen und Bauchschläfern wird mehr Material vorne (umklappen) benötigt, bei Mädchen mehr in der Mitte.

Unterste Schicht:

langsam/viel saugend (Hanf)

Mitte: Baumwolle, Bambus, Polyester

evtl. Verstärker: Bambus, Frottee (bei Stillstuhl und Kindern die viel auf einmal pullern)

Bei Bedarf: Fleece oder Vlies

Je nach Alter und Pipi Menge reicht eine Prefold/Mullwindel/HöWi.

Bei größeren Pipi Mengen und über Nacht, sollten zusätzliche Einlagen zur Saugkraftverstärkung genutzt werden.

Nachts werden am Besten saugstarke Höschenwindel mit einer Überhose genutzt.
Wolle ist für Nachts als Überhose sehr gut geeignet, da sich nicht so viel Geruch entwickelt.
Sie ist außerdem selbstreinigend und nimmt auch einen Teil Feuchtigkeit auf.

Die Nachtwindel morgens gründlich ausspülen hilft gegen den "Raubtiergeruch", der bei zahnenden Kindern manchmal entsteht.

Bei Säuglingen/Stillkindern macht es Sinn, Mull oder Frottee zu nutzen, da es den Stillstuhl gut hält.
Idealerweise kannst du bei Stillkindern Höschenwindeln nutzen oder eine Prefold/Mullwindel ums Kind wickeln.

So bleibt alles in der Windel und das Auslaufen der Windel wird verhindert.

Die Windel von Stillkindern kann ohne vorheriges Auswaschen und ohne Windelvlies direkt in die Wäsche gegeben werden, da Stillstuhl wasserlöslich ist.

Für Kinder, die viel und im Schwall pullern, ist eine obere Lage aus schnell saugendem, etwas rauerem Material wie Frottee ebenfalls zu empfehlen.

So wird die Feuchtigkeit schnell aufgenommen und läuft nicht drüber.

Richtig wickeln mit Stoff

- Alles muss in der Windel sein, kein Stoff o. Vlies darf heraus schauen
- Die Stoffwindel sitzt unter dem Bauchnabel
- Die Bündchen liegen in der Leiste an
- Alle 2 bis 3 Std. wickeln oder wenn das Kind in die Windel gemacht hat
- Fleece bei Nässeempfindlichkeit nutzen, da es den Po trocken hält
- Zwei Finger Platz zwischen Bauch und Windel lassen
- Die Windeln vorher gut einwaschen (bis zu 10 mal bis die volle Saugkraft erreicht ist)
- Die Einlagen nach dem Wickeln in das Wetbag/den Eimer geben
- Das Papiervlies mit dem Stuhlgang in den Müll oder wenn nur Pipi drin war in die Wäsche
- Die Überhosen auslüften (PUL vorher feucht auswischen)

So nicht! Wenn Vlies oder Stoff unter der Außenwindel
hervor schaut, zieht sich Nässe nach außen und die
Windel läuft aus.

Neugeborene mit Stoff wickeln

Neugeborene Babys können von Anfang an mit Stoff gewickelt werden.

Bei den meisten Neugeborenen sind die Onesize Windeln noch zu groß.

Da Säuglinge anfangs sehr oft gewickelt werden, empfiehlt es sich, mit Überhosen zu wickeln, die mit Einlagen, kleinen Mullwindeln oder Höschenwindeln gefüllt werden.

Da der Stillstuhl sehr flüssig ist, macht es Sinn, etwas zu nutzen, dass diesen gut auffängt, damit die Windel nicht ausläuft.

Hierfür eignen sich beispielsweise ums Baby gewickelte Mullwindeln (60x60cm oder verkleinert), ums Kind gewickelte Prefolds, Höschenwindeln oder Frotteeeinlagen.

Für Neugeborene reicht es in vielen Fällen, einen Waschlappen als Einlage zu nutzen.

Es gibt für Neugeborene spezielle Stoffwindeln, bei denen mit Hilfe eines Druckknopfes der Bereich um den Nabel heruntergeklappt werden kann.

Die meisten Stoffwindeln sitzen etwas niedriger, so dass der Nabel oft sowieso frei bleibt.

Im Zweifel fragst du am Besten deine Hebamme und/oder eine Stoffwindelberaterin.

Der Muttermilchstuhl ist übrigens wasserlöslich.

Du brauchst die Windeln also vor der Wäsche nicht extra auswaschen, sondern kannst sie direkt in die Waschmaschine geben.

Größere Kinder mit Stoff wickeln

Je größer das Kind wird, umso anstrengender kann das Wickeln werden.

In vielen Fällen hilft es, die Windel schon vorher so weit vorzubereiten, dass du sie direkt ums Kind wickeln kannst.

Bei sehr lebhaften Kindern können Windeln eine Lösung sein, die bereits geschlossen, ähnlich wie ein Schlüpfer hochgezogen werden können.

Besonders eignen sich hierfür AIOs und Pocketwindeln. Aber auch andere Windelsysteme können mit etwas Übung hochgezogen werden.

Am besten schließt du die Windel dafür erst einmal etwas lockerer, so dass sie einfacher hochgezogen werden können.

Wenn die Windel am Kind ist, sollte der richtige Sitz noch einmal korrigiert und die Windel passend geschlossen werden.

Wenn dein Kind langsam trocken wird, kannst du von den herkömmlichen Stoffwindeln auf Trainer Höschen umsteigen.

Diese saugen nicht so viel wie eine herkömmliche Stoffwindel, können aber problemlos wie ein Schlüpfer angezogen werden und schützen bei kleinen Unfällen.

Wickeln mit einer AIO/Pocket.

Die AIO/Pocket legst du im Prinzip wie eine Pampers um dein Kind.

Achte darauf, dass kein Stoff herausschaut, die Beinbündchen in den Beinfalten anliegen und 2 bis 3 Finger breit Luft zwischen Bauch und Windel sind.

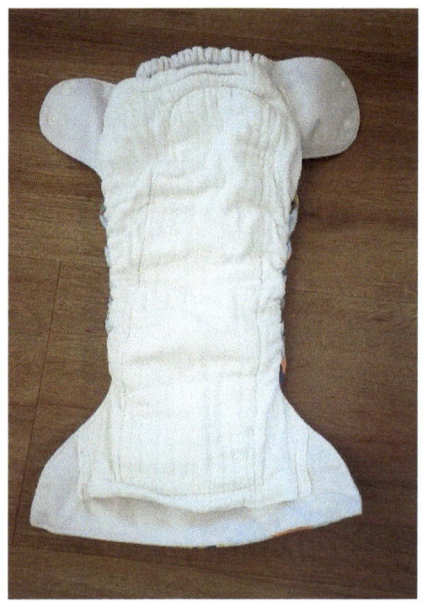

Wickeln mit Prefold und Überhose:

Du brauchst eine Überhose, eine Prefold und evtl. ein

Vlies

Die Prefold wird mit oder gegen die Nähte gedrittelt. Mit den Nähten, sind die Sauglagen überall gleich verteilt. Gegen die Nähte (Bild 2) sind mittig die meisten Sauglagen

n.

Nun wird die Prefold in die Überhose eingelegt (wenn Laschen vorhanden sind darunter schieben) und bei Bedarf ein Vlies aufgelegt.

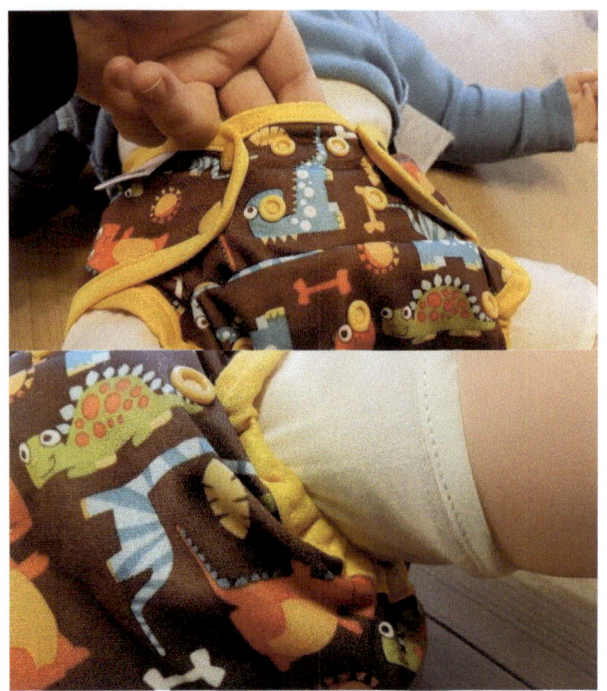

Nun wird die Windel um das Kind gelegt. Am Bauch sollten ca. 2 Finger Luft zwischen Bauch und Windel sein. Stoff und Vlies müssen komplett in der Windel sein, so dass nichts heraus schaut.

Die Beinbündchen liegen in der Beinfalte an.

Die Prefold kann alternativ auch um das Kind gewickelt und mit einer Snappie Windelklammer verschlossen werden.

Die Überhose wird dann darüber gezogen.

Siehe Bilder.

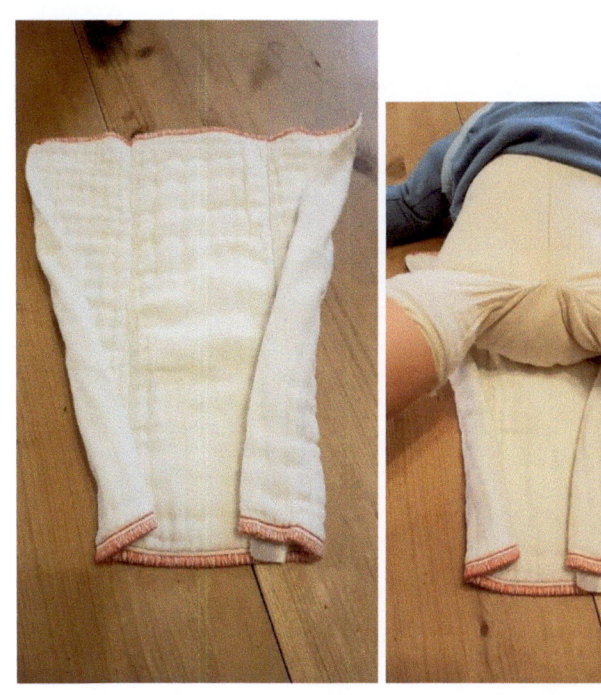

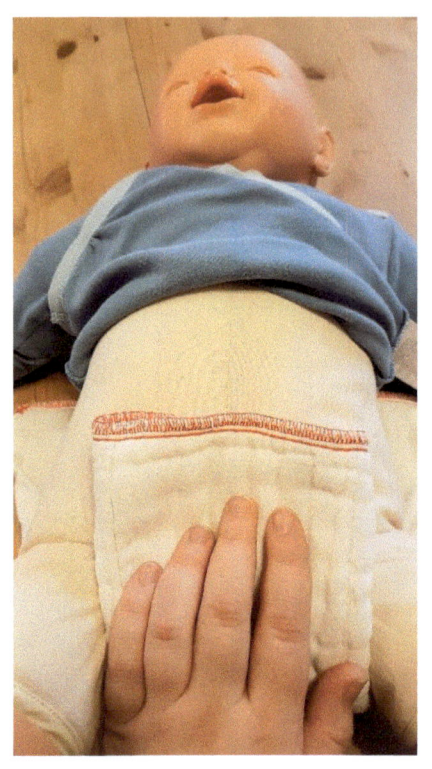

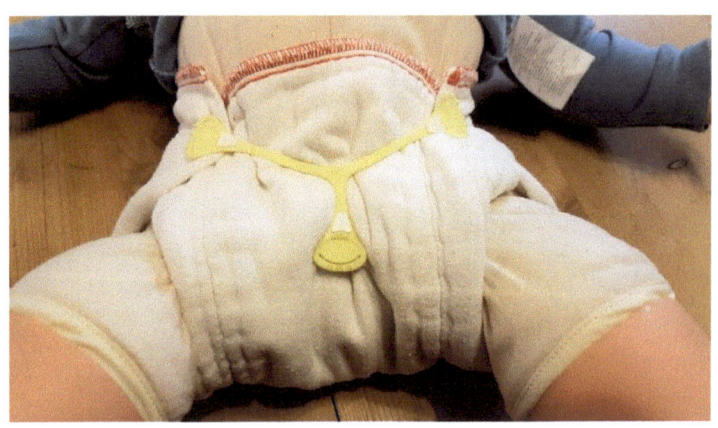

Wickeln mit einer AI3

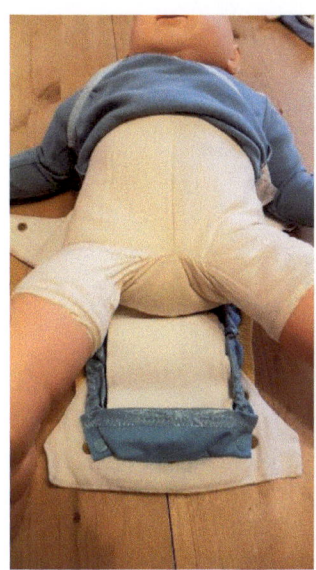

Zuerst werden Innenwanne und Außenwindel verbunden
und die Innenwanne mit Saugeinlagen bestückt.
 Dann wird die Windel um das Kind gelegt.
Am Bauch darf einiges an Luft sein, die Windel sitzt
hüftig.

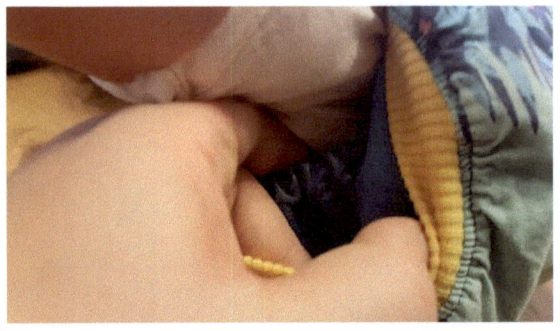

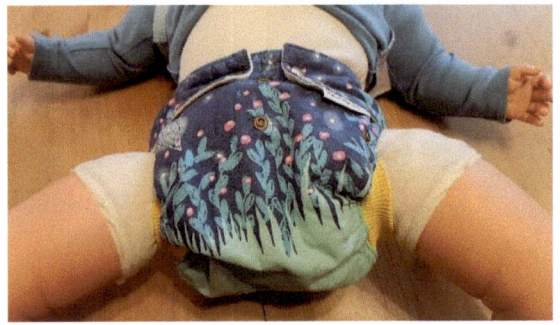

Nun fährst du mit dem Finger die Bündchen der Innenwindel lang und kontrollierst, dass diese in der Beinfalte anliegen. Die Bündchen der Außenwindel dürfen locker sein. Die Innenwindel liegt am Kind an.

Wickeln mit Höschenwindel und Überhose

Du brauchst eine Überhose, eine Höschenwindel und evtl. ein Vlies.

Am besten legst du dir die geöffnete Höschenwindel auf die geöffnete Überhose.

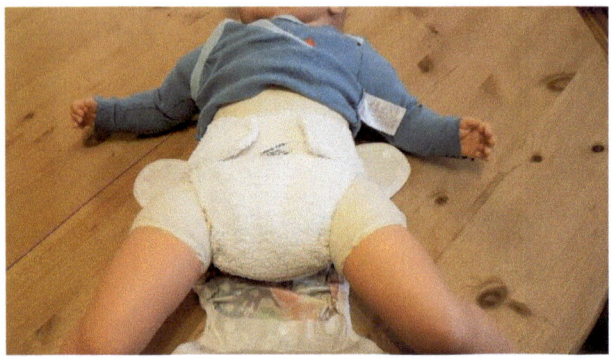

Zuerst schließt du die Höschenwindel um das Kind. Wenn du ein Vlies verwendest, achte darauf, dass es nicht aus der Windel heraus schaut. Dann schließt du die Überhose über der Höschenwindel.

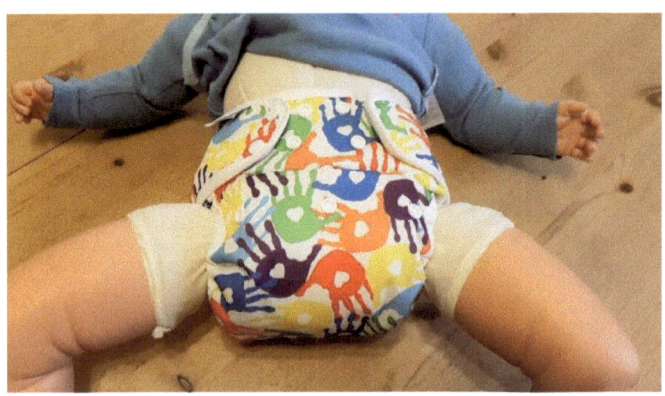

Achte wieder darauf, dass kein Stoff heraus schaut, und die Bündchen in der Beinfalte anliegen.

Wickeln mit Mullwindel

Du kannst die Mullwindel wie eine Prefold falten und in eine Überhose legen, oder um dein Kind herum wickeln. Hierfür ist das Dreieck mit Steg gut geeignet.

Mullwindel als Einlage gefaltet

Mullwindel ums Kind wickeln:

Leg die Mullwindel geöffnet vor dich.

Nun faltets du sie einmal zur Hälfte

Falte sie noch einmal zur Hälfte, so dass ein Quadrat entsteht.

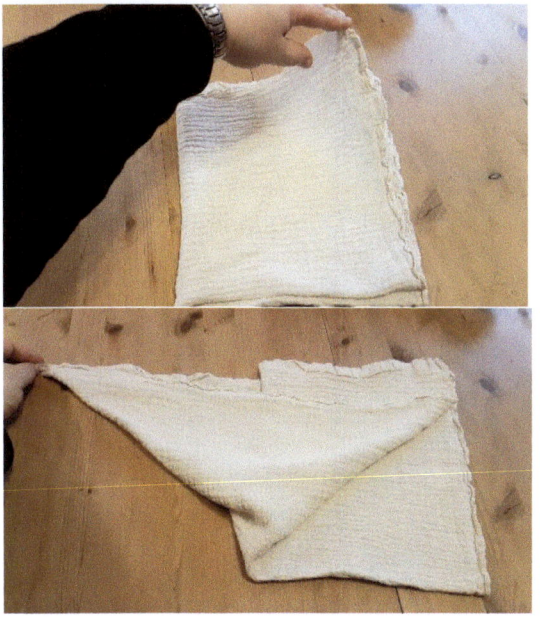

Nun nimmst du dir eine Ecke und ziehst sie auf die andere Seite.

Drehe die Windel einmal um. Den quadratischen Teil faltest du in Drittel.

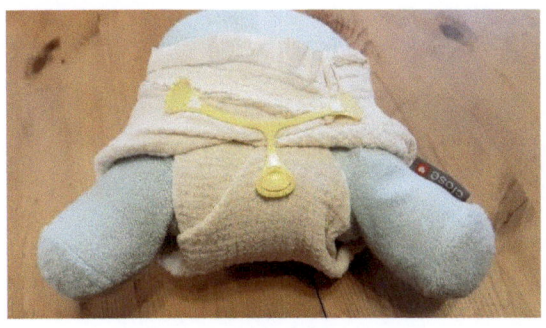

Nun ist dein Dreieck mit Steg fertig.

Du kannst es um dein Kind wickeln und mit einem

Snappie verschließen.

Durch den Steg hast du mittig mehr Sauglagen.

Darüber kommt eine Überhose.

Wickeln mit Strickbindewindel

Lege die Strickbindewindel wie auf dem Bild bereit. Bei
Bedarf kommt noch eine Einlage hinein. Das obere Ende
faltest du so weit ein, dass die Windel die passende
Höhe für dein Kind hat.

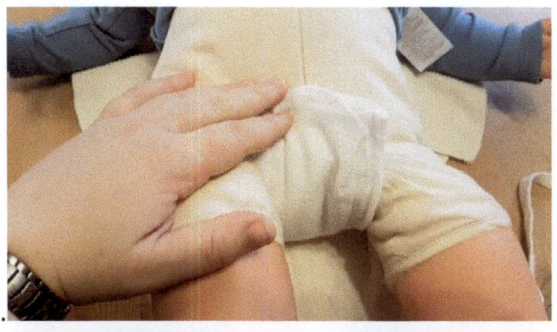

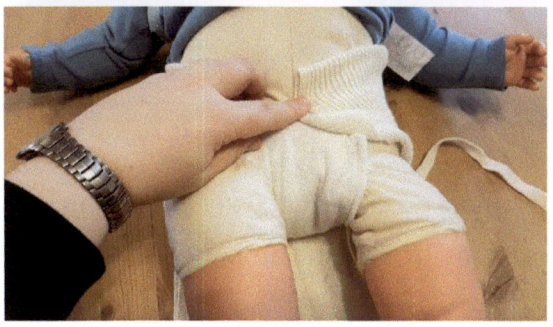

Wenn du eine zusätzliche Einlage nutzt, faltest du diese zuerst hoch. Dann nimmst du die Seitenteile nach vorne und hältst sie am Bauch fest.

Dann faltest du den Vorderteil nach oben und wickelst die Bänder einmal hinten rum um dein Kind und bindest die Windel vorne am Bauch zu.

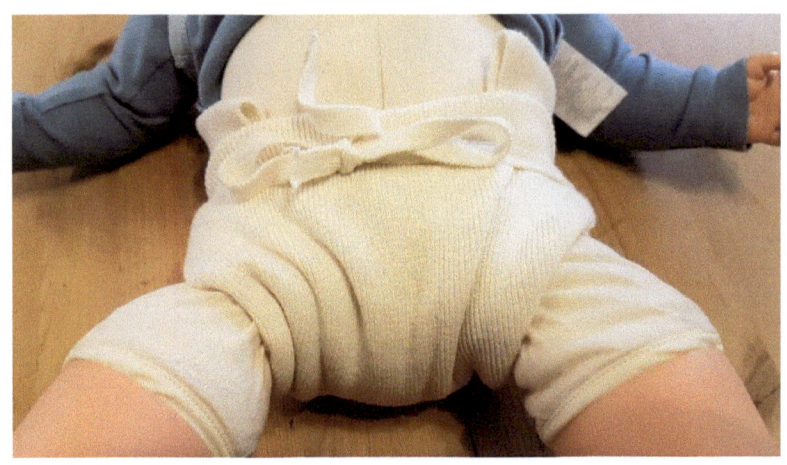

An den Beinen kannst du die Bündchen etwas einrollen.

Nun kommt noch eine Überhose darüber

Stoffwindeln waschen

- Die Stoffwindeln vor der Hauptwäsche mit Vorwäsche und abpumpen waschen
- Hauptwäsche als Koch oder Buntwäsche (60 Grad oder nach Herstellerangabe)
- Wasser Plus Taste nutzen (evtl. extra spülen)
- Waschmittel (Vollwaschmittel in Pulverform) nach Packungsangabe evtl. plus Enthärter und Sauerstoffbleiche

Baumwolle und Hanf können auch gekocht werden. Bambus, Baumwolle und Hanf können zum Trocknen auch in den Trockner.
Bei Hanf ist der Trockner sehr zu empfehlen, da Hanf sonst teilweise sehr fest wird.

Wolle sollte mit Wollwaschmittel per Hand oder im Wollwaschgang gewaschen und anschließend gefettet werden.

Wenn deine Windeln Flecken haben, hilft es, sie in die Sonne zu hängen.

Bis zum Waschen lagerst du die Stoffwindeln (Einlagen und Höschenwindeln) in einem Wäschenetz im Windeleimer oder in einer Wetbag.

Stark verschmutzte Windeln können zuerst ausgewaschen und getrocknet werden und dann auch in den Windeleimer wandern.

Die Überhosen solltest du bis zur nächten Benutzung oder Wäsche lüften lassen.
PUL Überhosen sollten nach der Benutzung feucht ausgewischt und gelüftet werden.

Du solltest ca. alle 2 bis 3 Tage deine Windeln waschen.

Luftdicht verschlossene Windeln (im fest verschlossenen Windeleimer) fangen an zu stinken. Deshalb immer darauf achten, dass Luft daran kommt.

Beim Windel wechseln, entsorgst du zuerst das Papiervlies gemeinsam mit dem großen Geschäft im Mülleimer (nicht im Klo!).

Wenn nur Urin in der Windel war, kannst du es mitwaschen.

Sollte noch Stuhlgang an der Windel sein, kannst du diesen mit Wasser ausspülen.
Starke Verschmutzungen kannst du mit etwas Gallseife vorbehandeln.

Ausgespülte Windeln bitte vor der Lagerung im Wäscheeimer/Wetbag trocknen lassen.

Bei Windeln mit Klett, schließe den Klettverschluss vor der Lagerung mit dem Gegenklett.
Nun tust du die Windel in das Wäschenetz, dass sich in einem Eimer befindet.
Der Eimer sollte nicht komplett verschlossen werden.
Wenn genug zusammen gekommen ist, steckst du die Windeln in deine Waschmaschine.

Stelle die Maschine zunächst ohne Waschmittel auf Vorwäsche oder „Spülen und Schleudern". Dadurch werden Urin und Fäkalien Reste aus der Windel heraus gespült. Wichtig ist, dass das Wasser auch abgepumpt wird.

Nun wäschst du die Windeln bei 60 Grad mit Pulver Vollwaschmittel (mit Sauerstoffbleiche, sonst hinzufügen) nach Packungsanleitung, wenn vorhanden mit „Wasser Plus" Programm.

Verwende auf keinen Fall Weichspüler!
Dieser macht die Windeln saugunfähig.
Was zu Schäden an den Windeln führt.

Nach der Wäsche hängst du die Überhosen, Pocket und AIO Windeln (alles aus PUL oder Wolle) auf die Wäscheleine zum Trocknen.
Die Einlagen und Höschenwindeln können an der Luft oder im Trockner getrocknet werden.

Achte darauf, dass die Windeln wirklich vollständig trocken sind, bevor du sie zusammenlegst.

Überhosen, AIO/Pockets und Wolle sollten bei warmen Wetter nicht in der direkten Sonne getrocknet werden.
Auch ein Trocknen auf/an der Heizung/Ofen sollte unterlassen werden, da es das PUL beschädigen kann.

Wolle waschen

Wolle ist selbtreinigend.

Sie braucht deshalb nur selten gewaschen werden.

Je nach dem wie häufig sie genutzt werden, sollten sie etwa alle 2 bis 4 Wochen gewaschen werden.

Spätestens wenn die Überhosen nicht mehr dicht sind oder unangenehm riechen, sollten sie gewaschen werden.

Ansonsten reicht es, die Wollüberhosen aus zu lüften.

Überhosen aus Wolle solltest du mit Wollwaschmittel mit der Hand oder im Wollwaschgang der Waschmaschine waschen.

Bei der Handwäsche kannst du die Windeln mit lauwarmem Wasser und etwas Wollwaschmittel im Waschbecken waschen.

Dabei solltest du die Wolle nur sanft auszudrücken und nicht rubbeln.

Das schont die Wolle und beugt einem Verfilzen vor.

Wenn Stuhlgang an die Wolle gekommen ist, solltest du die Stellen so bald wie möglich mit warmem Wasser auswaschen, um Flecken zu vermeiden.

Zusätzlich kannst du die Stellen mit einer Wollwaschseife einreiben und etwas einwirken lassen. Anschließend gut mit warmem Wasser ausspülen.

Gegen Flecken hilft es zusätzlich, die Wolle in die Sonne zu hängen (nur, wenn es draußen nicht sehr warm ist).

Bei sehr warmen Temperaturen kann es allerdings passieren, dass das Wollfett schmilzt und die Überhose nicht dicht ist.

Wolle fetten

Für 1 Überhose

1/2 Teelöffel Wollfett (Adeps lanae anhydricus)

ein paar Tropfen Spüli oder Baby Shampoo

1 Tasse kochendes Wasser

1 bis 2 Liter lauwarmes Wasser in Schüssel

Das Wollfett in die Tasse kochendes Wasser geben und rühren. Langsam Tropfen für Tropfen Spüli dazu geben, bis sich eine gleichmäßige, milchige Flüssigkeit ergibt. Die Flüssigkeit in die Schüssel mit dem warmen Wasser geben und rühren.

Die Wollüberhose mit der Innenseite nach außen langsam ins Wasser gleiten lassen.

Mindestens 30 Minuten ziehen lassen.

Die Wollüberhose kann aber auch bis zum Abkühlen oder über Nacht im Wollbad liegen.

Tiefenreinigung/Stoffwindeln strippen

Wenn die Stoffwindeln stinken, dein Baby plötzlich einen wunden Po hat oder die Windeln nicht mehr richtig saugen, kann es nötig sein, sie einer Tiefenreinigung zu unterziehen, dem sogenannten Strippen.

Es gibt verschiedene Gründe, warum Windeln gestrippt werden müssen.

Es können sich Bakterien in den Windeln angesammelt, Kalkseifen im Material abgelagert oder Fettreste z.B. von Cremes in den Windeln abgesetzt haben.

Da das Strippen das Material der Windeln stark beansprucht, sollte es nicht zu oft durchgeführt werden.

Zunächst einmal kannst du die Windeleinlagen einmal in der Waschmaschine bei 90 Grad waschen und die Einlagen anschließend zum Trocknen in die Sonne hängen.
Die hohe Temperatur und die UV Strahlen töten Bakterien ab.

Wenn die Windeln einen beißenden Amoniakgeruch haben, solltest du sie zunächst erst mehrmals gründlich mit viel Wasser spülen und anschließend bei 60 Grad mit Vollwaschmittel in der Maschine waschen.
In Manchen Fällen reicht das schon.

Wenn deine Windeln mit Fett (z.B. Babycreme) in Kontakt gekommen sind oder Windeln mit Fleece (Mikrofaser) nicht mehr richtig saugen, kann eine Spülikur helfen.
Hierfür legst du die Windeln in einen Eimer/eine Wanne mit heißem Wasser und ein paar Tropfen Spüli und lässt sie einige Zeit einweichen.
Dann wäschst du die Windeln gründlich aus und wäschst sie im Anschluss bei 60 Grad wie oben beschrieben in der Waschmaschine.

Bei Stinkewindeln kannst du sie mit Milchsäure Entkalker (z.B. von Ulrich Natur) oder mit Zitronensäure strippen.

Zum Strippen mit Milchsäure Entkalker/Zitronensäure legst du deine Stoffwindeln in einen Eimer oder eine Wanne mit lauwarmen Wasser. Die Windeln sollten mit

Wasser bedeckt sein. Nun gibst du 20 bis 30 ml Milchsäure Entkalker oder etwa 1 El Zitronensäure (die Menge auf 10 Liter Wasser) dazu und rührst das ganze um.

Windeln mit PUL/Überhosen solltest du nach 30 Minuten entfernen. Die Einlagen können 2 bis 3 Stunden einweichen. Danach wäschst du alles bei 60Grad in der Waschmaschine.

Wenn du statt einen/r Eimer/Wanne lieber direkt in der Waschmaschine strippen möchtest, gehst du wie folgt vor.

Zuerst gibst du die sauberen Stoffwindeln in die Waschmaschine.

Nun gibst du entweder 200ml Milchsäure Entkalker oder 5 EL Zitronensäure Pulver dazu.

Schalte ein kaltes Spülprogramm an und stoppe es nach einigen Minuten.

Lass die Windeln 2 Stunden in der Maschine einweichen.

Danach lässt du die Windeln schleudern und spülen.

Im Anschluss stellst du die Windeln noch einmal bei 60 Grad mit Vollwaschmittel an und wäschst sie ganz normal.

Auch bei Wollwindeln kann es sein, dass eine Tiefenreinigung nötig ist.
Beispielsweise nach Pilzinfektionen oder bei sehr starken Verschmutzungen.
Die oben genannten Vorgehensweisen sind für Wolle auf gar keinen Fall geeignet!

Du kannst die Wollüberhosen kochen, wenn dein Kind eine Infektion oder einen Pilz hatte, oder zur Desinfektion bei neuen Windeln..

Hierfür legst du die Windeln in einen Topf mit handwarmen Wasser.
Nun erhitzt du das Wasser bis kurz vor dem Siedepunkt auf 90 Grad.
Die Temperatur sollte ungefähr 5 Minuten gehalten werden.
Dabei die Windeln auf keinen Fall bewegen!
Danach lässt du sie im Topf im Wasser abkühlen, bis das Wasser etwa handwarm ist.

Die Wollüberhosen heraus nehmen und mit lauwarmen Wasser gut ausspülen.

Bei müffelnden Wollwindeln kann eine Tiefenreinigung mit Olivenöl-Kernseife helfen.

Hierfür stellst du zuerst eine Seifenflocken Emulsion her. Du brauchst dafür einen Behälter, Olivenöl-Kernseifen Flocken und kochendes Wasser.

Fülle zuerst eine Tasse Seifenflocken in den Behälter. Nun schüttest du 3 Tassen kochendes Wasser dazu und verrührst das Ganze ca. 15 Minuten, bis eine Emulsion entsteht.

Diese Seifenflockenemulsion kannst du kühl gelagert etwa 2 bis 3 Monate aufbewahren.

Für die Tiefenreinigung legst du die Wollwindel in einen Eimer oder eine große Schüssel mit lauwarmem Wasser. Die Windel sollte mit Wasser bedeckt sein. Nun gibst du 20ml der Seifenflockenemulsion hinzu und rührst vorsichtig um.

Wenn du mehrere Windeln so reinigen möchtest, solltest du die Menge entsprechend erhöhen.

Lass die Windel nun 2 bis 3 Stunden ziehen.

Danach gießt du das Wasser ab und spülst die Windeln mit lauwarmem Wasser gut aus.

Jetzt kannst du die Windeln sanft ausdrücken.

Du kannst die Windeln nach der Seifenflocken Tiefenreinigung direkt wie gewohnt fetten.

Du solltest deine Windeln wirklich nur im Notfall strippen/Wollwindeln kochen.

Diese Prozedur greift das Material an und ist deshalb nicht für regelmäßige Anwendungen geeignet.

Solltest du öfter Probleme mit Stinkewindeln haben, lies dir noch einmal das Kapitel zum Thema waschen durch, oder kontaktiere eine Stoffwindelberaterin.

Stoffwindeln in der Betreuung

Wenn dein Kind auch von anderen Personen betreut wird, stellt sich vermutlich irgendwann die Frage, ob auch in der Betreuungszeit mit Stoff gewickelt werden kann.

Ich würde immer empfehlen, mit den Betreuungspersonen in Ruhe darüber zu sprechen, ob sie mit Stoff wickeln würden.

Dabei würde ich den Betreuungspersonen die modernen Stoffwindeln zeigen, so dass sie sehen, dass es gar nicht so kompliziert ist.

Viele Eltern schaffen sich für die Betreuungspersonen Pocketwindeln oder AIO´s an, damit sie es leichter haben.

Eine weitere Möglichkeit wäre es, gemeinsam mit den Betreuungspersonen das Wickeln mit dem ausgewählten System zu üben und anzubieten, bei Bedarf ein einfacheres System für die Betreuung auszuwählen.

Wenn dein Kind in eine Kita/zur Tagesmutter geht solltest du genug Stoffwindeln, sowie eine Wetbag mitgeben.

Die Anzahl der Stoffwindeln richtet sich danach, wie oft das Kind in der Betreuungszeit gewickelt wird.

Du solltest daran denken immer ein Wetbag zum Tauschen mit zu bringen, damit du täglich die benutzten Windeln mit nach Hause nehmen und ein frisches Wetbag für den nächsten Tag dort lassen kannst.

Ich persönlich würde den Betreuungspersonen immer anbieten, dass sie die Windel auch beim großen Geschäft einfach komplett ins Wetbag geben können. So brauchen sie sich nicht um das Säubern der Windel kümmern.
Manche Betreuungspersonen weigern sich, mit Stoff zu wickeln.
Das ist äußerst schade, aber ich finde man sollte niemanden dazu zwingen.
In dem Fall können ÖkoWindeln eine Alternative darstellen.

Stoffwindeln unterwegs/im Urlaub

Manche Familien nutzen Unterwegs und im Urlaub
Einwegwindeln.
Das ist völlig okay.
Auch Einwegeinlagen in Überhosen können eine
Alternative für Unterwegs und im Urlaub sein.

Aber auch Unterwegs und im Urlaub kann man, wenn
man möchte, mit Stoff wickeln.

Für Unterwegs kann man beispielsweise ein paar
Pocketwindeln oder AIO´s anschaffen. So geht das
Windeln schnell und unkompliziert, auch wenn man mal
spontan im Auto oder an anderen Orten wickeln muss.

Im Urlaub ist es natürlich sehr praktisch, wenn man mit
Stoff wickeln möchte und eine Ferienwohnung mit
Waschmaschine hat.
So kann man wie gewohnt die Stoffwindeln auch im
Urlaub waschen.

Je nach dem wie lange man weg ist, kann man die
Windeln auch in einer Wetbag sammeln und

anschließend Zuhause (nur bei Kurzurlauben von wenigen Tagen) waschen, oder alle paar Tage einen Waschsalon aufsuchen.

Wenn du keine Waschmaschine vor Ort hast, kannst du die Windeln auch per Hand waschen.

Ideal eignen sich für den Urlaub deshalb Überhosen mit Mullwindeln oder Prefolds als Einlage.
Diese lassen sich gut waschen und trocknen schnell.

Du solltest dann Waschmittel oder Kernseife, eine Schnur und Wäscheklammern mitnehmen. So kannst du eine mobile Wäscheleine improvisieren.

Die Windeln kannst du dann täglich im Waschbecken oder einem Eimer waschen.

Zuerst würde ich die Windeln einmal mit warmem Wasser ausspülen.
Fülle das Waschbecken/den Eimer dann mit möglichst warmem Wasser und gib etwas Waschmittel/Kernseife hinzu.

Nun legst du die Windeln ins Wasser und knetest/rührst sie gut durch.

Lass die Windeln dann einige Zeit einweichen.

Zwischendurch kannst du immer mal wieder durchkneten/rühren.

Nun schüttest du das Waschmittelwasser weg und füllst warmes Wasser nach.

Knete und rühre die Windeln wieder gut durch.

Diesen Vorgang wiederholst du, bis das Waschmittel gut ausgewaschen ist.

Dann drückst/wringst du die Windeln gut aus und hängst sie auf deine Wäscheleine.

Wieviel brauche ich wovon?

Prefold und Überhosen

ca. 20 Prefolds

6 bis 8 Überhosen

4 bis 6 Nachtwindeln

AIO

20 bis 25 AIOs

zusätzlich evtl

4 bis 6 Nachtwindeln

2 bis 3 Überhosen

AI3

3 bis 5 Außenwindeln

6 bis 10 Innenwindeln

30 bis 45 Einlagen

Höschenwindeln und Überhosen

20 bis 25 Höschenwindeln

6 bis 8 Überhosen

Zusätzlich empfehlenswert

2 bis 4 Wetbags

1 Oskartonne

Vlies

Wo bekomme ich Stoffwindeln?

Du hast dich ausführlicher Lektüre nun also dafür entschieden, Stoffwindeln für dein Kind zu kaufen.

Nun stehts du vor der Frage, wo du die Stoffwindeln herbekommst.

Hierfür gibt es verschiedene Möglichkeiten:
- Second Hand
- Lokale Geschäfte
- Online Shops
- Selber nähen.

Auf die Möglichkeiten möchte ich im Folgenden kurz eingehen.

Second Hand
In Facebook Gruppen aber auch bei Kleinanzeigen im Internet, findest du jede Menge gebrauchte Stoffwindeln. Ich würde dir auf jeden Fall empfehlen Preise zu vergleichen und nachzufragen, wie die Windeln gewaschen wurden.

Auch mehrere aussagekräftige Bilder sollten dabei sein und auf kleine Makel wie Flecken oder lockere Beinbündchen hingewiesen werden.

Der Preisvergleich zum Neupreis lohnt sich auf jeden Fall.

Es kommt nämlich leider immer mal vor, dass deutlich gebrauchte Windeln zu Neupreis verkauft werden.

Der Vorteil von gebrauchten Windeln ist, dass du dir das Einwaschen der Windeln sparen kannst, weil sie meistens schon mehrmals gewaschen wurden.

Ein Nachteil kann sein, dass die Windeln evtl. nicht richtig gewaschen wurden und dadurch z.B. müffeln oder das PUL nicht mehr 100%ig dicht ist.

Deshalb macht es Sinn, genau nach zu fragen.

Lokale Geschäfte

In manchen Städten gibt es Geschäfte, in denen du Stoffwindeln kaufen kannst.

Solltest du die Möglichkeit haben, würde ich dir aus mehreren Gründen auf jeden Fall empfehlen erst einmal dort zu schauen, bevor du im Internet bestellst.

Manchmal haben die Läden nur eine kleine Auswahl, aber oft lohnt es sich, trotzdem erst einmal dort zu schauen.

1. Support your local Dealer – sprich, unterstütze die Läden vor Ort!
2. Du kannst im Geschäft die Windeln anschauen und anfassen, du kannst dich dort noch einmal beraten lassen und kannst bei Bedarf schnell für Nachschub sorgen, wenn das ausgewählte System gut passt oder du mehr benötigst.

Online Shops

Online Shops sind wohl aus Mangel an lokalen Geschäften die häufigste Quelle, um Stoffwindeln zu kaufen.

Es gibt viele Onlineshops, die verschiedene Firmen und Systeme im Sortiment haben, so dass du eine sehr große Auswahl an Stoffwindeln hast.

Neben den Großen Stoffwindelhändlern gibt es auch noch einige kleine Manufakturen, bei denen du Stoffwindeln aus Handarbeit beziehen kannst.

Diese sind dann oft auch aus Öko Materialien und unter fairen Bedingungen in Deutschland oder Österreich hergestellt.

Oft gibt es in diesen kleinen Manufakturen besonders hübsche Modelle und auch Unikate. Sie sind also auch was für dich, wenn du es individueller und etwas besonders magst.
Selber nähen

Wenn du eine Nähmaschine, etwas Zeit und Lust hast, kannst du Stoffwindeln auch selber nähen.
Im Internet findest du Schnittmuster und kannst bei Bedarf auch Stoffe und Materialien für die Stoffwindeln kaufen.

Eine weitere Möglichkeit Stoffwindeln selber zu nähen ist das Upcycling alter Stoffe.

So kann z.B. aus Opas altem Wollmantel und der hübschen Bettwäsche aus deinen Kindertagen eine praktische und schöne Wollüberhose werden.

Alte Handtücher und Biberbettwäsche werden z.B. zu Höschchenwindeln oder Einlagen.

Der Phantasie sind also fast keine Grenzen gesetzt und du kannst sehr günstig eine komplette Stoffwindelausstattung selber machen.

Interview mit Alicia Bode von julica.de

Wann und wie bist du auf die Idee gekommen,
Stoffwindeln selber zu nähen?

Die Betreiberin eines Stoffladens, in dem ich
Stoffwindelworkshops gebe, hat sich die Wollwindeln
angeguckt und meinte, das sei ja super einfach zu
nähen. Ich wollte das erst nicht glauben. Beim dritten
Mal hatte es mich dann gepackt - meine Mama hatte
eine Nähmaschine rumstehen, die ich seitdem zum
Nähen nutze. Ich habe im Mai 19 angefangen zu nähen
und mich im Juli damit selbständig gemacht.

Welche Materialien hast du genutzt und was für Windeln hast du daraus genäht?

Ich nähe aktuell Überhosen aus Bio-Wolle und Bio-Baumwolle oder Upcycling-Stoffen. Außerdem habe ich schon diverse Prototypen für Einlagen, Wetbags und co hier liegen. Eine Wickelunterlage und Höschenwindeln sollen demnächst folgen.

Hattest du schon viel Näherfahrung?

Nein, gar nicht. Ich habe vorher eine Runde Waschlappen, zwei Pumphosen und ein Tshirt für meinen Sohn genäht. Danach auch direkt die ersten zwei Windeln - grauenhaft schief und krumm! Die nächsten zwei waren aber richtig gut geworden und dann ging es nur noch um den optimalen Schnitt.

Wie lange hast du am Anfang für das Nähen einer Windel gebraucht?

Die erste Windel hat bestimmt vier Stunden gebraucht. Mittlerweile bin ich natürlich schneller, aber ich nähe jetzt auch im Akkord. Also mache mehrmals denselben Arbeitssschritt hintereinander. Das spart viel Zeit. So nähe ich aktuell 8-10 Windeln auf einmal fertig.

Meinst du auch Nähanfänger können sich Stoffwindeln selber nähen?

Definitiv! Wolle ist einfacher zu vernähen als PUL. Bei Wolle kommt es auf den eigenen Standard an, bei PUL wird die Windel leider undicht, wenn man nicht ordentlich näht.
Aber auch Einlagen sind zum Beispiel super leicht zu nähen!

Wie entstand die Idee für das eigene Stoffwindel Label?

Es macht mir Spaß, ich hab einen individuellen Schnitt und ich will nicht in meinen eigentlichen Beruf zurückkehren - der ideale Zeitpunkt zur Selbständigkeit!

Was ist an deinen/euren Windeln anders, als bei denen die es schon auf dem Markt gibt?

Statt Snaps in der Leibhöhe haben wir verstellbare Beingummis. Diese werden durch ein Knopfloch vorne verstellt, so dass die Windel ganz normal am Kind angepasst werden kann. Sie ist dünn und schmal, sowohl aus festem als auch dehnbarem Material. Und unsere Designs sind natürlich auch wunderschön :)

Möchtest du Interessierten noch etwas sagen?

Schaut mal beim Fluffstore vorbei, da gibt es für alles und jeden das passende Schnittmuster. Für Wollsltrick und Stoffe dürft ihr gern bei mir vorbei schauen: www.julicia.de

Was kosten Stoffwindeln? Lohnt es sich?

Oft erscheinen Stoffwindeln auf den ersten Blick teurer als Einwegwindeln.

Schließlich braucht man ja, um komplett mit Stoff zu wickeln erst einmal einiges an Windeln.

Aber ein genauerer Blick lohnt sich.

Zunächst sind da natürlich die Anschaffungskosten der Stoffwindeln.

Je nach Marke und System liegen diese bei Neukauf etwa zwischen 288,- Euro (6 Überhosen, 20 Prefolds und 5 Nachtwindeln) bis 800,-€ (20-25 AIOs, 5

Nachtwindeln, 2 Überhosen. Je nach Marke und System evtl. auch mehr).

Gegebenenfalls kommen für die gesamte Zeit noch bis zu 290,-€ für Windelvlies hinzu. Wenn kein Vlies genutzt wird, oder das Vlies bei Pipi gewaschen und wieder benutzt wird, verringert sich der Betrag entsprechend. Wir wären somit bei etwa 288,- bis 1090,-€ für Stoffwindeln.

Das erscheint erst einmal viel.

Wenn man dann aber gegenrechnet, was Einwegwindeln über 3 Jahre Wickelzeit kosten, ist es gar nicht mehr so viel.

Je nach Windelmarke kommen bei 3 Jahren Wickelzeit mit im Schnitt 5 Windelwechseln am Tag (anfangs natürlich deutlich häufiger, zum Schluss seltener) 657,- € bis 1971,-€ zusammen, die im Müll landen.

Dazu kommen dann noch Kosten für den Müll und evtl. Fahrtkosten oder Versand beim Kauf der Windeln.

Bei Stoffwindeln kommen Kosten für die Wäsche (Wasser, Strom, Waschmittel, Verschleiß) hinzu.

In Manchen Fällen gibt sich dieser Unterschied nicht viel. Das kommt aber auf die individuellen Kosten und Verhältnisse an, die man bei der zuständigen Stadt/Gemeinde erfragen kann.
Die genauen Kosten lassen sich dann berechnen, wenn man die Werte für Wasserkosten, Strom, Waschmittel, Müllgebühren, Fahrtkosten berechnet.

Wir haben nun also einen Mittelwert von

Stoffwindeln	Einwegwindeln
689,-€	1259,-€

Was in unsere Berechnung noch nicht eingeflossen ist, sind Faktoren wie Wiederverkauf und Nutzung durch mehrere Kinder.

So können die Stoffwindeln, wenn sie nicht mehr gebraucht werden weiterverkauft werden.

Dadurch spart man noch mal.

Angenommen, die Stoffwindeln werden noch für ein weiteres Kind genutzt, so reduzieren sich die Kosten für das Windeln wechseln weiterhin erheblich.

Wenn du beispielsweise nur Übehosen kaufen musst, weil noch genügend Mulltücher oder andere nutzbare Stoffe, die du als Einlagen verwenden kannst, sparst du noch mehr.

Ein weiteres Beispiel ist der Kauf von gebrauchten Stoffwindeln. Auch hier kannst du, wie bereits im Kapilel mit den Kaufmöglichkeiten beschrieben, viel Geld sparen.

Wenn du deine Stoffwindeln aus bereits vorhandenen Stoffen selber nähst (z.B. Wollüberhosen aus alten Wollmänteln, Einlagen und Höschenwindeln aus alten Handtüchern), dann fallen die Kosten für Stoffwindeln so gut wie gar nicht mehr ins Gewicht.

Du siehst also, es lohnt sich auf jeden Fall einmal zu rechnen und die individuellen Verhältnisse einzubeziehen.

Erfahrungsberichte

Bericht von Sabine H.

Stoffwindeln durch Empfehlung

„Du musst Stoffstreifen aus Baumwolle in die Windeln legen", sagte mir meine Hebamme, nachdem mein 3 Wochen altes Kind ständig wund wurde. Gesagt getan, die Oma nähte ca. 50 kleine Einlagen für die Wegwerfwindeln.

Ohne den Kontakt zur Wegwerfwindel hatte mein Kind plötzlich keinen wunden Po mehr. Da ich noch im

Wochenbett und sehr erschöpft war, kam ich nicht gleich auf die Idee Stoffwindeln zu nutzen. Aber eine Freundin macht mich darauf aufmerksam und wir nutzten den Service von Elena Wende als Stoffwindelberaterin.

Nachdem Sie bei uns war und uns beriet, war klar, welches System für uns in Frage kommt und wir haben darauf hin direkt bestellt.

Für uns waren die Blueberry Capri mit Prefolds das richtige System.

Selbst im Kindergarten war es dann kein Problem mit den Stoffwindeln zu wickeln, die Erzieherinnen freuten sich über die schönen bunten Windeln.

Das wickeln mit den Stoffwindeln klappte von Anfang an super gut und wir erfreuten uns immer an den schönen Motiven.

Viele habe uns belächelt deshalb, so viel Wäsche. Für mich war das niemals ein Problem und ich kann nicht verstehen wie man dies von Anfang an als Problem sieht und direkt deshalb das wickeln mit Stoffwindeln ablehnt.

Man bekommt einen Rhythmus und im Falle eines Chaos kann man ja immer noch Wegwerfwindeln nehmen.

Diese haben wir auch immer in der Nacht genutzt. Auch im Urlaub haben wir auch Wegwerfwindeln zurückgegriffen.

Zum Schluss wickelten wir nur noch nachts mit den www.

Dann bekam mein Kind einen Windelsoor und ich verbannte frustriert diese.

Das Wickeln mit Stoffwindeln lege ich jedem an das Herz.

Ich bin der Meinung, dass die Zukunft unserer Kinder mit ihrer Geburt beginnt, mit unseren Entscheidungen und mit unserem Müll.

Erschrocken war ich auch darüber, dass in den Wegwerfwindeln gleich eine Lotion enthalten ist.

Mit den Stoffies brauchten wir nie wieder eine Creme.

Gerne erinnere ich mich an die Stoffwindelzeiten zurück, sie waren einfach Teil der Baby- und Kleinstkindzeit und somit fest in unsere Erinnerungen verankert.

Sabine H

Bericht von Barbara G. Stoffwindeln wegen
Unverträglichkeit

Warum habt ihr euch für Stoffwindeln entschieden?
Ich bin ja eigentlich so gar nicht „Öko" drauf, das nur
vorweg.
Ich habe 2 Töchter, die erste wurde mit WWW gewickelt
und während der kompletten Windel-Zeit hatten wir
damit Probleme, sie war immer sehr wund, ich habe zig
Marken getestet, manche waren besser manche
schlimmer, aber nix war wirklich symptomfrei.
Wir haben sehr viel gecremt und Heilwolle mit reingelegt,
auf die Idee das es die Windeln an sich waren kam ich
damals noch nicht.
Vor der Geburt von Kind 2 sind wir umgezogen, so dass
ich da in einem anderen Krankenhaus war mit anderen
Hebammen und Ärzten. Auch Kind 2 wurde schon von
den ersten Pampers direkt wund, und ich habe der Ärztin
erzählt, dass sie dann wohl genauso empfindlich ist wie
die Große. Die Ärztin und die Hebamme meinten dann
unisono, dass es auch eine Unverträglichkeit sein
könnte, gerade weil es beide betrifft. Der Allergietest hat
dann ergeben, dass beide den Superabsorber nicht
vertragen, der in (zu dem Zeitpunkt) allen WWW

enthalten ist. Die Hebamme hat mich dann an eine
lokale Stoffwindelberaterin vermittelt.

Mit was für Windeln wurde/wird gewickelt?
Dort habe ich den ersten Satz Stoffwindeln gekauft (PUL
Überhosen und drunter Mullwindeln mit Snappy und
AIO) Dann habe ich mich eingelesen und noch ein paar
Pocketwindeln gekauft. Wollüberhosen sind in der
Anschaffung ja ganzschön teuer, und ich habe der
Sache mit Wolle nicht so richtig getraut, aber meine
Mutti ist Handarbeitslehrerin und meinte, sie könnte ja
einfach welche selbst stricken. Wir haben also Fettwolle
gekauft und sie hat mal zwei Schlupf-Überhosen
gestrickt. Diese Hosen waren einfach der Hammer!
Super dicht und angenehm und so bin ich auf den
Fluffstore gekommen, wo ich herausgefunden habe,
dass man auch alte Wollkleidung zu Überhosen
vernähen kann. Da ich gerne nähe und meine
Schwiegermutter ihren geliebten Wollmantel
versehentlich verwaschen hatte habe ich das direkt
ausprobiert und bin für zuhause dabei geblieben. Nachts
Wollschlupf, selbst gestrickt von Oma A und tagsüber
Wollklett aus Mantel und Pullover von Oma B. Darunter
nachts Bambus HöWis aus 3. Hand von Bekannten

116

bekommen, Tagsüber HöWis aus Upcycling
Handtüchern, Molton, Flanell und allem was rumlag und
gut saugt, darüber meist noch ein Deko Jersey.

Warum habt ihr diese Windeln ausgewählt?
Zuerst wollte ich es so Pampersartig wie möglich haben,
davon bin ich aber nach und nach abgekommen. Die
AIO hab ich komplett aufgegeben und Pockets nur für
die Kita. Wolle hat mich fasziniert, überrascht und
überzeugt.

Wurde/wird ausschließlich mit Stoff gewickelt?
Bei Kind 2 auf Grund der Unverträglichkeit ja

Haben/wickeln auch Großeltern/Babysitter/Kita mit Stoff
gewickelt?
Eine Oma hat die Wollwindeln problemlos verwendet, für
die andere und auch für die Kita haben wir uns auf PUL-
Klett-Pocket geeinigt. Da habe ich ein paar gekaufte
(Thirsties, Babmbino Mio-EX-AIO bei denen ich die
Microfaser Einlage rausgetrennt habe, weil es sich bei
uns nicht bewährt hat) und dann auch selbst genähte
nach Fluffstore Anleitung. Die Pockets stopfe ich mit
einer Bambuseinlage und einer Mullwindel. So kommen

wir mit 2 Windeln pro Kitatag gut hin (7:00-15:30). In die Kita Windeln kommt ein Windelvlies, das entsorgen die Erzieherinnen und der Rest kommt in den Wetbag. Ich hatte vorab die Modelle vorgestellt und dieses System war ihnen am liebsten.

Wird/wurde auch unterwegs und im Urlaub mit Stoff gewickelt?
Zwangsläufig

Was sind aus deiner Sicht die Vor und Nachteile von Stoffwindeln?

• Ich hab nie das Problem das ich vergessen habe Windeln zu kaufen.

• Ich hatte noch nie eine Kackplosion wie mit den WWW.

• Die Wolle ist super atmungsaktiv und auch bei großer Hitze haben wir da kein Hitzeproblem. Die Windeln stinken nicht so wie WWW

• auch finanziell lohnt es sich, zumal ich keine Zusatz Müllbeutel mehr kaufen muss wie bei Kind 1.

• die Windeln sehen so schick aus, im Sommer trägt die kleine nur Kleidchen und Windel.

• Der einzige Nachteil ist bisher, dass die Leute einen immer anschauen als wäre man ein Masochistischer

Mistkäfer vom andern Stern Aber ein Kind ohne
dauerwunden Popo ist mir das wert!

Möchtest du anderen Interessierten sonst noch etwas
erzählen?

Dadurch, dass ich mich mit Naturmaterialien und Stoffen
befasst habe, habe ich auch für Kleidung neue
Materialien für mich und die Familie entdeckt. Mein
Mann radelt in selbstgenähten Wolle/Seide bzw.
Wolle/Hanf Sachen und ist damit überglücklich und auch
meine kleine Nichte hat jetzt Wolle/Seide Bodys genäht
bekommen. Die Kinder schlafen in Wolle/Seide+Seide
Schlafanzügen und sind bei der größten Hitze im
Schlafzimmer unterm Dach nicht nassgeschwitzt und
wenn es kalt ist nicht warm. Wenn mir jemand vor 2
Jahren erzählt hätte das ich meine Kinder im
Hochsommer in Wolle einkleiden werde hätte ich den für
verrückt gehalten.

Bericht von André W. Stoffwindeln über Umwege

Warum habt ihr euch für Stoffwindeln entschieden?
Weil unser Sohn bei Einwegwindeln immer wieder Absorber am Po hatte, hat meine Frau nach Alternativen gesucht.

Mit was für Windeln wurde/wird gewickelt?
Wir haben verschiedene ausprobiert.
Bei unserem Sohn haben wir dann überwiegend mit Überhosen und Prefolds (nachts Höschenwindeln) und den AI3 der Windelmanufaktur gewickelt.
Unsere Tochter wickeln wir hauptsächlich mit Wollüberhosen.

Warum habt ihr diese Windeln ausgewählt?
Weil sie einfach gut gepasst haben und in der Handhabung recht simpel sind.

Wurde/wird ausschließlich mit Stoff gewickelt?
Nein. Am Anfang haben wir mit Einwegwindeln gewickelt. Zwischendurch werden auch manchmal Einwegwindeln benutzt.

Haben/wickeln auch Großeltern/Babysitter/Kita mit Stoff gewickelt?

Die Großeltern zum Großteil ja. Die Kita hat es anfangs probiert, sich aber dann geweigert.

Wird/wurde auch unterwegs und im Urlaub mit Stoff gewickelt?

Teils teils. Das kommt darauf an, wo der Urlaub hin geht. Meistens haben wir Stoffwindeln, Einweg Einlagen und Wegwerfwindeln kombiniert.

Unterwegs nutzen wir meistens auch die Stoffwindeln.

Was sind aus deiner Sicht die Vor und Nachteile von Stoffwindeln?

Vorteile: weniger Müll, die Haut ist gesünder, keine Chemie

Nachteile: Man hat halt mal eine Wäscheladung mehr.

Möchtest du anderen Interessierten sonst noch etwas erzählen?

Man muss es für sich entscheiden und sollte es einfach mal ausprobieren.

Stoffwindel ABC – Was heißt was?

AI2 :

All in two - ein Stoffwindelsystem, dass aus zwei Teilen besteht.

AI3 :

All in three - ein dreiteiliges Stoffwindelsystem aus Außenwindel, Innenwanne und Saugeinlage

AIO :

All in One - Bei diesem Windelsystem sind wasserdichte Außenschicht und Saugeinlage miteinander fest verbunden, so dass alles in einem ist.

Bindewindel :

Eine Baumwollwindel, die mit Bändern um das Kind gewickelt wird

Booster:

Eine (kleine) Saugeinlage, die zusätzlich eingelegt wird um die Saugkraft zu verstärken.

Einlage :

Der saugfähige Teil, der in die Windel eingelegt werden kann.

Fleece:

Ein Mikrofaser Fleece, dass als oberste Lage in die Windel kommt um den Po trocken zu halten.

HöWi:

Höschenwindel - eine komplett saugende Windel, die noch eine Überhose benötigt. Ideal für Nachts.

Hybrid Windeln

Überhosen oder AI3, die auch mit Einwegeinlagen bestückt werden können

Mullwindel:

Oft auch als Spucktuch genutztes, quadratisches Stoffstück, meist aus Baumwolle

Nasstasche:

Eine Wasser undurchlässige Tasche zur Aufbewahrung der Windeln.

Onesize:

Eine größenverstellbare Windel

Pocket :

Eine Windel, in der zwischen Wasserundurchlässigem Teil und einem Stoff (meist Mikrofaser) die Saugeinlage eingeschoben wird.

Prefold:

Eine Einlage aus mehreren Lagen, die meist Teilungsnähte hat.

Snaps :

Druckknöpfe zum Verschließen der Windel

Snappie :

Eine Windelklammer zum Verschließen von Prefolds oder Mullwindeln, wenn diese ums Kind gewickelt werden.

Strippen :

Grundreinigung von müffelnden Windeln

Tencel

Ein künstlich hergestellter Stoff, der frei von chemischen Zusatzstoffen ist.

Two Size:

Windeln die in mehreren Größen genutzt werden

Überhose :

Wasserdichter Außenteil einer Windel. Z.B. nötig bei HöWis, Einlagen und Bindewindeln

Vlies :

Ein Papier Vlies hält den Stuhl von dem Stoff fern. Es wird im Müll entsorgt oder kann (wenn nur Urin drin war) mitgewaschen werden

Wetbag:

Eine wasserdichte Nasstasche zum Transport der Windeln.

Wollfett :

Adeps Lanae anhydricus ist das gelbe Wollfett (Wollwachs), dass zum fetten der Wollüberhosen benötigt wird.

WWW

Wegwerfwindel

Links und weiterführende Seiten

Alle Inhalte sind von externen Seiten.
Es wird keine Haftung für den Inhalt der Seiten und
deren Richtigkeit übernommen.
Stand der Links ist das Erscheinungsdatum der ersten
Auflage dieses Buches.

Links zu Videos der Autorin
Ein Video zu den gängigsten Systemen findest du hier:
https://youtu.be/L-mIRlYQRsU

Video Prefold als Einlage:
https://youtu.be/ZnErJXEBcxc

Prefold ums Kind gewickelt:
https://youtu.be/ETApZ5dQkO0

Video zum Wickeln mit Mullwindel:
https://youtu.be/CITYisnyeTE

Wolle fetten:
https://youtu.be/zIPAx32mFJ8

Große Stoffwindelshops:

www.stoffywelt.de

www.natuerlichfamilie.de

www.babysnatur.de

www.die-besten-stoffwindeln.de

Manufakturen, die in liebevoller Handarbeit Stoffwindeln nähen:

www.julicia.de

www.windelmanufaktur.de

www.windelinge.de

www.emilino.de

www.finiwinis.at

www.windelzauberland.de

Schnittmuster und Zubehör

www.fluff-store.de

www.stoffwindelei.de

Sonstige Seiten

Eine Übersicht von Stoffwindelberaterinnen

www.stoffwindelberaterin.de

Testberichte und Infos rund um Stoffwindeln

www.stoffwindelguru.com

Infos zur Stoffwindelförderung von Städten und mehr

www.deine-stoffwindel.com

Über die Autorin

Elena Wende lebt mit ihren
Kindern, Mann und
Haustieren in Nordhessen.
Die gelernte Erzieherin und
Tierverhaltenstherapeutin
fing nach der Geburt ihres
Sohnes an, sich mit
Stoffwindeln zu
beschäftigen.

Nach vielen Recherchen,
Versuchen und einer Weiterbildung zum Thema
Stoffwindeln, ist sie seit 2015 auch als
Stoffwindelberaterin tätig.
Da sie gerne schreibt und bereits ein Kinderbuch
veröffentlicht hat („Mino´s Abenteuer") war der Schritt
zum Stoffwindel Buch nur logisch.

Mehr Infos über Elena Wende gibt es auf Ihrer
Homepage
www.familiengefuehl.net